Zwischen Zeiten
Und Welten

Gerhard Kübelböck

Rune Sig: Der zündende Funke,
siegende Gedanke. Der Geiststrahl, der
den Menschen erleuchtet.

Umschlaggraphik: Irminsul mit
Nordgestirn

FSC
www.fsc.org
MIX
Papier aus ver-
antwortungsvollen
Quellen
Paper from
responsible sources
FSC® C105338

Gerhard **Kübelböck**, Jahrgang 1949,
studierte Biologie an der Universität
Innsbruck, Sponsion zum Mag.rer.nat.
1976, Promotion zum Dr.phil. 1979,
Forschungs- und Lehraufenthalte in
Venezuela (1979-81), Sambia (1987-89)
und Brasilien (1992-95). Japan (2009).
Freier Journalist bei mehreren Zeitungen,
Schwerpunkt naturwissenschaftliche
Artikel aus den Tropen.
Kulturpreisträger des Landes
Oberösterreich (2010).

Herstellung und Verlag: Books on
Demand GmbH, Norderstedt/BRD

ISBN 978-3-8482-3217-8

Inhalt

Vorwort

In einem Malaria-Anfall in Sambia 1988
kam mir die Idee zu einer lyrischen
Aufarbeitung meiner Eindrücke. Während
ich, voll gestopft mit Pillen, im Fieber lag,
habe ich eine neue, andere Realität Afrikas
erfahren, die ich zuvor so nicht kannte.
Mein Bewusstsein war nachhaltig verändert.
Kaum war das Fieber unter 38° Celsius
gefallen, begann ich wie ein Besessener zu
schreiben und brachte 15 Gedichte zu
Papier. Es war als ob ein Damm nieder-
gerissen worden wäre, freien Lauf gebend
den aufgestauten Eindrücken. Diese ersten
Themen stammten aus dem erlebten,
damaligen Afrika-Alltag.

Der Rest der Gedichte folgte später.
Kurz bevor ich 1991 mit meiner Familie
nach Brasilien übersiedelte, habe ich
andere Eindrücke aufgearbeitet. Eine
völlig neue Dimension brachten meine
Asien-Reisen ab 2004. Nachhaltig machte
sich meine Bekanntschaft mit japanischer
Dichtkunst (ab 2006) und mit indischem
Yoga im Sommer 2008 bemerkbar.

Unser Leben vergeht während wir den
Schritt vom Gestern zum Morgen tun. Im
Heute habe ich mir meine Freuden,
Hoffungen und Ängste von der Seele
geschrieben.

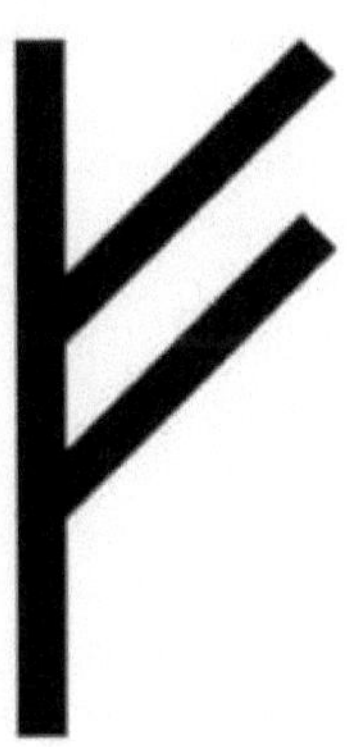

Rune Fa: Die Erlöser-Rune. Durch
Wissen Erlösung von der
grobstofflichen Welt.

Danksagung

Für die Entstehung dieses Buches schulde
ich Dank!

In erster Linie meiner Familie: meiner
Frau Ana Maria und unseren Kindern
Guntram und Kathrin. Sie haben mir
einerseits wertvolle Hilfe bei Schreib-
arbeiten geleistet und Geduld bei
mannigfaltigen Computer-Problemen
bewiesen. Andererseits waren sie eine
Quelle der Ermunterungen und ruhender
Pol bei nervösen Störungen.

In zweiter Linie danke ich Mag. Ernestine
und HR Dr. Norbert Minkendorfer für
viele interessante und befruchtende
Gespräche. Norbert hat sich darüber
hinaus große Verdienste beim
elektronischen Versenden des
Manuskriptes an den Verlag erworben!

Rune Hagal: Heils-Rune. Das All-
Umhegende, das Weltgerüst

Gedanken

Es pulsieren in mir
Gedanken meiner Seele,
Geboren aus der Empfindung
Und der Erinnerung
An die Wege des Lebens,
Die gegangen wurden,
Ohne Wiederkehr.

Auf der Suche nach
Neuen Ländern, neuen Ufern
Fuhr ich meinen
Träumen nach -
Und die Träume
Flogen über das Meer.

Mein unruhiger Geist
Strömt jedoch vorwärts,
Wie das Wasser
Meiner Heimatbäche,
Immer weiter, weiter –
Bis sie in der See
Ihren eigenen Bezug finden.

Mein Körper
Hechelt hinterdrein,
Mal lachend und
Mal weinend,
Ob seiner Einsamkeit,
Ob seiner Eingeengtheit.

Afrikanischer Himmel

Hell hebt sich der Himmel
Vom dunkeln Boden ab,
Bevor die Sonnenstrahlen
Den Horizont erreichen.

Aquamarinblau ist
Der Äther am Morgen,
Mit vom
Passatwind zerzausten
Weißen Wolkenfetzen
Über grünen,
Waldbedeckten Hügeln
Spannt sich das Firmament,
Flimmernd in der Hitze
Des Mittags,
Jegliche Regung
Unterdrückend.

Mit der Kühle
Des Nachmittags
Kehren die Wolken zurück.
Sie liefern den silbrigen
Hintergrund
Zum flammend-roten
Sonnenuntergang.

Mosi-oa-Tunya

Gähnende Abgründe
Von kantigem Basalt
Verschlingen tosende
Wassermassen,
Speien sie unten
Brausend aus.
Gekrönt von
Leuchtend-weißer
Gischt, aufsteigend
Zu hohen Wolken,
Aus denen die
Sommersonne
Feurige Pfeile aus
Licht und Hitze
Verschießt –
Um dann im
Donnernden Rauch
Als Flammenrot
Zu versinken.

Nebel

Ein feiner, grauer Schleier
Liegt auf der Spitze des Mseza-
Hügels.
Aufgelöst die Trennung
Von Erde und Himmel.
Vertraute Stimmung und
Doch so fremd:
Kein kalter, europäischer
Novembertag,
Sondern ein feucht-warmer
Tropenmorgen.
Eine dünne, nasse
Transparenz bedeckt
Die Spitzen von
Bäumen und Büschen.
In grauen Schlieren
Bilden sich Wirbel,
Getrieben von
Leichten Brisen,
Durchwogend die
Durstigen Gräser,
Sich verlierend im Nichts.

Msipazi-River

Glucksendes Eilen
Über verschlammte
Sandbänke,
Gurgelndes Strömen
Über abgeschliffenem
Granit.
Überhängende und verfilzte
Vegetation
Verdeckt teilweise
Die braunen Fluten.
Schwüle Brutplätze
Für Moskitos.
Doch wenn seine
Schmutzigen Wasser
Versiegen,
Legt sich
Der Durst
Der Trockenzeit
Über Mensch und Tier.

Afrikanische Farben

Dort wo
Schwarz-verbrannte Fluren
Übergehen in rote Erde,
Dort ist die Hochzeit
Der Farben.

Wo der grüne Busch
An das
Blaue Firmament stößt,
Dort wo sich der
Eitle Papyrus
In lehmigen
Wassern spiegelt,
Eingerahmt von
Leichtem Gewölk.

Dort siehst Du
Die Farben
Des Landes
In inniger Durchdringung.

Luangwa

Heißes Tiefland am braunen
Fluss,
In dessen Fluten sich noch
Heute
Flusspferde und Krokodile
Tummeln.
Lockere Reihen von Bäumen
Über der hohen
Uferböschung.
Wie Wächter stehen sie
In staubig-trockener
Luft
Und geben Afrikas Tierwelt
Schutz vor der Sonne.
Schutz vor dem Menschen
Können sie nicht geben –
Wann wird das letzte
Nashorn gewildert sein?

Malawi – See

Spektralgefärbte, schlanke
Schuppenleiber
Sprühen und blinken,
Getroffen von Lichtpfeilen
Der Äquatorsonne.
Ich gleite hinab
In die blaue Stille,
Schwebe unter Tropenfischen,
Werde einer von ihnen –
Jedoch für Augenblicke nur –
Dann tauche ich auf aus der
Ruhenden Unveränderlichkeit.

Über Wasser
Unterliegt der See
Dem Zauber
Ständiger Veränderung,
Mit jedem Sonnenstand
Und Wolkenband
Lösen die Stimmungen
Einander ab
Im wiederkehrenden Tageslauf.
Launisch ist er
Und unberechenbar:
Heute eine tiefe,
Azurblaue See
Mit plätschernden Wellen,

Friedliche Heimat
Für Kormorane
Auf runden Uferfelsen.
Morgen ein
Sturmgepeitschtes Meer.
Mit donnernden Brechern.

Kopjes

Granitfelsen,
Rundverwittert,
Aufeinandergetürmt
Wie von Zyklopenhand
Heruntergestürzt,
Verstreut.

Brachland mit Wildwuchs.
Zufluchtsland für
Gejagte und Geächtete:
Dik-Dik und Schlange,
Schicksalsgemeinschaft
In dornenbewehrter,
Steinerner Festung.

Waiting for Transport

Eingeborene Frauen
Hocken
Am Straßenrand.
Im bunten Chitenge
Das Kind
Auf den Rücken gebunden.
Säcke mit
Obst und Getreide daneben.
Sie warten auf
Einen Pick-up,
Der sie mitnimmt
Zum Markt.
Am liebsten
Ein Weißer,
Denn nur der fährt sie
Gratis!

Zimbabwe Ruins

Steine –
Zu Zyklopenmauern
Aufgetürmt
Schmücken sie
Riesenhügel.
Geheimnisvoller Magnetismus
Strahlt aus
Und zieht an.
Zugleich stößt er ab
Und verwehrt
Innige Berührung.

Nur durch
Muße und Stille
Durchbrechen
Die Eindrücke
Europäische
Gedankenschranken,
Werden aufgenommen,
Seelisch verdaut.

Hier hat die Geschichte
Die Zeit angehalten.
Während sie sich draußen
Im rasenden Wirbeltanz
Schneller und schneller dreht,
Den nahen Abgrund
Kaum beachtend.

Makgadikgadi

Grasbüschel bohren
Lange Schattenspeere
In den goldenen
Abendsand.

Polychrome Farbensymphonien
Am Himmelsgewölbe
Geben dem flachen,
Endlos-weiten Land
Den Zweiklang aus
Frieden und Unendlichkeit.

Einsame Salzwasserseen,
Knietief, doch riesengroß,
Tragen liebliche Lasten
Weißer Pelikane und
Rosiger Flamingos.

Der rote Feuerball versinkt
Und Antilopen und Strauße
Weichen den Hyänen
Der Nacht.

Baobab

Erhaben und behäbig steht
Als dickbäuchiger Vertreter
Der Bäume
Ein Baobab
Am Ufer des Sambesi.
Hoch reckt er
Die Krone
Über das kümmerliche
Savannengebüsch. –
Nackt und kahl
In der Trockenzeit
Prangt er in
Saftigem Grün,
Sobald der Regen
Ihm neues Leben
Einflößt.

Gemüse-Verkäufer

Der alte Mann,
Mit seinem bisschen
Gemüse
Kommt er ans Haus.
Der Geruch nach Kühen
Und der Schmutz
Vom Feld
Haften an zerschlissener Kleidung.
Hager und ausgezehrt
Ist seine Erscheinung,
Graues Kraushaar
Am Kopf.
Still kommt er,
Still geht er
Nach abgeschlossenem Handel.
Nur eine Bitte
Hätte er noch:
Alte Zeitungen
Würde er brauchen
Für seine selbst
Gedrehten Zigaretten
Aus Bauerntabak.

Sambisches
Dienstmädchen

Geboren in einer Rundhütte,
Aufgewachsen im Dorf,
Zeitlebens gemeinsame
Feldarbeit
Nach dem Diktat
Von Sonne und Regen
Hausmädchen nun
Bei einem Weißen
Arbeitet sie nach
Planung, Effizienz,
Einteilung,
Völlig allein.
Verunsichert,
Eine Zerrissene –
Zugleich privilegierte
Lohnempfängerin.
Täglich wandelnd
Zwischen zwei Welten.
Verständnis kann ihre Lage
Nur mildern.

Afrikanische Kneipe

Die kleine Bier-Kneipe
Neben dem großen Hotel
Dämmert dem
Abend entgegen.
Schwarze Kellner
Lungern herum.
Schwarze Musiker
Stimmen die Instrumente.
Mit den ersten Akkorden
Kommen die Gäste.
Lauter wird der Gesang,
Fordernder die Töne.
Applaus.
Die Zuhörer nehmen
Die Klänge auf,
Sind erfüllt
Vom Rhythmus
Der Trommeln,
Wiegen sich
Und wirbeln
Auf der Tanzfläche.
Schweißgeruch steht
In der Luft,
Vermischt sich
Mit Bierdunst
Und fröhlichem Lachen.
Die stille Nacht
Nimmt alles auf.

Selbstgepflanzte Banane

Leuchtend grüne Blattfahnen,
Eingerissen vom stürmischen
Passat,
Schaukeln anmutig
In spätnachmittäglicher
Brise.
Eine stolze Mutter,
Umringt von den Kindern,
Entsprungen der eigenen
Wurzel.

Mit ausgespannten Fächern
Schützt sie die Jungen
Vor der sengenden
Mittagsglut.
Doch der milden
Abendsonne
Ist es gestattet,
Zu liebkosen
Das zarte Grün.

Termiten

Die Nacht entschlüpft
Dem feuchten Abend.
Kleine Öffnungen im Boden
Tun sich auf.
Tausendfaches Flügelrauschen
Kündet vom Hochzeitsflug
Einer neuen Termitengeneration.

Der bläuliche Morgen
Findet nichts mehr
Vom nächtlichen Spuk.
Nutzlos gewordene,
Abgestoßene Insektenflügel
Zerstieben raschelnd im Wind.

Hermetisch verschlossen
Wird jeder Eingang.
Eifersüchtig wehrt
Das Termitenvolk
Der Sonne mitzuteilen,
Was längst bekannt
Dem blassen Mond.

Skarabäus

Rund wie die Zeit –
Ohne Anfang und Ende –
Ist seine Pille.
Archaisches Symbol
Für Fruchtbarkeit
Und Wiedergeburt.
So wie seit Anbeginn
Der Schöpfung und
Dargestellt
Auf altägyptischen
Hieroglyphen
Rollt er seine Mistkugeln
Noch heute im Busch.
Ein Käfer nur für die Einen –
Ein Stück wunderbare Natur
Für die Anderen.

Regenzeit

Die neue Regenzeit,
Mit Blitzschlag
Sowie Stromausfall,
Bringt viel Fleisch
In Topf und Teller.
Und dem Kühlschrank
Dann die Leere:
Abgetaut und ausgeräumt.

Libellen

Libellen schwirren
Über dem braunen Wasser
Des Dambo.
In ihren transparenten Flügeln
Fangen sie das Sonnenlicht
Und reflektieren feurige Blitze
Gebrochener Strahlen.
Aus luftiger Höhe
Stoßen sie hinab,
Bis sie mit ihren Beinchen
Das eigene Spiegelbild
Im Wasser berühren,
Um gleich wieder
Hochzusteigen
Und in der Luft
Zu verharren,
Verwandelt in
Glitzernde Helikopter.

Der Haus-Gecko

Der kleine, getupfte
Gecko
Frequentiert Wand
Und Decke.
Den Tag verdösend
Hinter dem Bilderrahmen
Wird er
Ein quicklebendiger
Insektenjäger
Zur Abendstund'.

Ein schnelles Schnappen,
Ein kurzes Knacken, -
Die Stechmücke wird
Rasch verspeist –
Unter hämischem
Menschengrinsen.

Afrikanischer
Schreiseeadler

Wie ein Pfeil schießt er
Aus der Sonne,
Bremst den rasanten Flug
Mit kräftigem Flügelschlag
Und lässt sich nieder
Auf einem
Halbversunkenen Baum,
Königliches Gefieder
Ordnend
Mit majestätischen
Schnabelbewegungen.
Dann verfällt er in Ruhe
Und verschmilzt
Mit der friedvollen
Seenlandschaft,
Aber immer insgeheim
Lauernd und wachsam.

Chamäleon

Nur ein wenig
An der Blüte
Naschen wollte
Der Schmetterling.
Flopp –
Wie ein Keulenschlag
Trifft ihn
Die klebrige
Schleuderzunge,
Wirbelt ihn hoch,
Hält ihn fest.
Flupp –
Ist er im Echsenmaul,
Gepackt von kleinen Zähnen,
Zermalmt von kräftigen
Kiefern.
Unter Augenrollen
Genüsslich verschluckt.
Mit federndem Stelzgang
Setzt das Reptil
Seine Pirsch fort.

Afrika brennt

Afrika brennt
Im jährlichen Savannenbrand.
Feuer rasen durch den Busch
Rauch kräuselt staubige Luft,
Verdunkelt den Himmel.
Flammen fressen an rissiger Rinde
Hinterlassen geschwärzte
Trostlosigkeit.
Verbrannt ist
Die schützende Bodenbedeckung.
Der nackte Leib der Natur
Ausgesetzt den obszönen Kräften
Der Erosion.
Ehe der Tag sich als Feuerwelle
Über den Horizont stürzt
Hat er das
Lehm-bleiche Aderwerk
Der Bäche freigelegt.

Afrika brennt
Im ständigen Begehren
Seiner Menschen.
In dunklen Augen
Lodert Verlangen

Zügellose Begierde
Nach Zivilisationstand
Ungebremstes Sehnen
Nach dem scheinbar einzig
Seligmachenden Überfluss
Des Weißen Mannes.
Unfähig schnell und ehrlich
Wohlstand zu erreichen
Treibt sie
Flammende Versuchung
Zu würdelosem
Betteln, Korruption,
Diebstahl.
Verzehrt bis zur
Unkenntlichkeit
Bleibt ein Häufchen
Graue Asche
Aus Anstand und Moral.
Afrikanische Erde und
Afrikanische Seele
Ausgesetzt
Der entfachten
Zerstörung.

Nenn´ mich Fremdling

Wer unter wildfremden
Sternen
Die Dschungel
Exotischer Sprachen
Durchirrt,
Wo selbst
Ein vertrautes Lachen
Verheerung der Gefühle
Stiften kann,
Wer sich durch Wüsten
Fremden Misstrauens gequält
Und nicht verdorrte,
Wer die Meere
Der Einsamkeit durchsegelt,
Ohne den Kurs zu verlieren,
Wer die Sphären
Unbekannter Musik durchflog
Und den Schlüssel
Zu den Tönen nicht fand –
Dem wurde mancher
Fremdling
Zum Bruder
Und mancher Bruder
Entfremdet.

Monsun

Wie Wolk´ auf Wolk´
Sich türmet auf
So kündet sich
Der Zeiten Lauf:
Monsun und
Regenzeit steht an.
Mit Blitz und Donner
Sonder Zahl.
Es stürzt hernieder
Regenflut.
Schwemmt fort
Die Brücken und
Auch Gassen,
Kann selbst
Das Gemüt erfassen.

Rune Bar: Gebär-Rune,
Übergangsrune, Zwischenreich von
der äußeren stofflichen Welt in die
innere spiegelbildliche geistige Welt

Der Poet

Wär´ ich gar
Ein edler Poet,
So flög´
Durch Lebenslüfte ich,
Gleich einem
Trockenen Blatt.
Die Erde
Kaum berührend,
Schon wieder
Aufwärts strebend.

Statt dessen schlinger´ ich
Durch Brandungsgischten –
Wie nasser Tang.
Trunken vom
Lebenselement
Trotz´ ich
Der Schwerkraft.

Nur schweben, schweben –
Und niemals untergehen!

Tautropfen

Die Kühle der Nacht
Hat die dampfende
Feuchtigkeit entladen.
Das Unsichtbare, Fühlbare
Durch Kondensation
Materialisiert.
Unzählige glasklare Perlen
An Spitzen
Von Blättern und Halmen
Geboren.

Kaum malt sich das erste
Morgenrot
Am bleiernen Himmel,
Steigt ein Erwachen
Vom Firmament.
Die ersten Sonnenstrahlen
Umfangen die
Nasse Pracht.

Tautropfen glühen auf
In jähem spektralen Leben.
Trunken im Farbenrausch,
Blähen sich protzig auf.
Doch die Pflanze
Entledigt sich
Ihrer nutzlosen Last.
Im Fall noch werden
Feurige Blitze

Ins Blattgrün entsendet.
Am Boden zerbirst
Der Hochmut
Des Morgens.

Der Lehrling

In den weiten Horizonten
Der Poesie
Finde ich deine Spur,
Mein heißes Land.
Du hast mich
Das Hören
Jenseits von Worten,
Das Verstehen
Jenseits von Sprachen,
Das Fühlen
Jenseits von Tönen gelehrt.

Skipper

Ich bin mein eigener Käpten
Und meistens zu hart
Am Wind.
Für mich der richtige Kurs –
Nie könnt´ ich dümpeln in
Fauliger Flaute.
Nur wenn der Lebenssturm
Mir die Segel zerfetzt und ich
Mühsam
Repariere das beschädigte Ruder –
Für Tage, die Wochen
Erscheinen
Und Ewigkeiten sind.

Roter Mond

Im Blattgrün meiner Birke
Erblüht der rote Vollmond.
Sein Silberlicht vergoldet
Meine dunklen Träume.

Trotzdem

Es zieht mich zurück —

Dorthin, wo die Menschen
So dunkel sind
Wie die Schatten,
Die sie werfen.

Dorthin, wo die Erde
Das Ebenmaß
Der Seele ist.

Dorthin, wo die Natur
In ihrem Überschwang
Mir schon vertraut wurde.

Dorthin zieht es mich zurück,
Wo ich so gerne bin und
Wo ich doch
Nicht leben kann.

Vertraute

Und Du meine Vertraute –
Wo bist Du geblieben?
Wo sind die Augenblicke,
In denen wir mit
Verschränkten Gedanken
Den Mond in den Himmel
Der eigenen Hoffnungslosigkeit
Setzten?
Wo ist der Mut,
Der die Wüsten
Ängstlicher Engstirnigkeiten
Ergrünen und sprießen lässt?
Haben sich etwa
Die weiten Horizonte
Der Jugend gesenkt?
Leuchten Dir denn schon
Die tiefen Strahlen
Der Abendsonne
In die engen
Gewölbe des Alters?

Sentimiento Tropical
(Tropengefühl)

Ein Einbaum gleitet
Durch sonnendurchflutetes
Nass,
Laszives Grün am Ufer –
Bunte Schmetterlinge
Wie Sternschnuppen
Im Dämmerlicht des Waldes.

Unspezifische Szenerie.
Austauschbar zwischen
Lagos und Lobau –
Reisekatalogphantasie
Gescheiterter Träume.

Unlösbare Spuren –
Eingebrannte Eindrücke,
In versandeten Windungen
Der Seele
Blieben vom
Tiefen Blick
In braune Augen
Von Menschen
Voll Feuer.
Sie spenden mir Wärme
In unserer Welt
Der kühlen Logik.

Erinnerung an Morgen

Er wollte nur weinen,
Daher lachte, lachte er laut.
Die Erinnerung an sein Wahres
Dasein
Sind ein Gespinst
Vermeintlicher Lügen.
Sein kurzes
Verlogenes Leben
Verhält den Atem
Der ehernen Wahrheit.
Der junge Morgen
Tut seine Augen auf,
Drei Strahlen entschlüpfen –
Und diese wenige Worte.

Lebenswasser

Wenngleich
Ich öfter zurückkehrte
Zur gleichen Stelle
Im Fluss meines Lebens,
Nie netzte
Das gleiche Wasser
Meinen Fuß.

Verzaubert

Die Nacht streckt
Ihre feuchten Finger
Sanft zwischen
Wipfeln und Lianen,
Kämmt die Wedel
Der Baumfarne.

Flüsternder Dialog
Der Harmonie
Von Blättern
Und Lüften.

Das dumpfe Dröhnen
Der Trommel,
Der helle Klang
Des Gesangs
Verliert sich zwischen
Grauen Stämmen.

Das Biotop ist verzaubert
Zum Psychotop –
Erquickender Born
Der Selbstfindung,
Durchflogen auf Flügeln
Der Phantasie.

Die Trommel

Gemächlich pochender
 Rhythmus
Dröhnt durch
Den Abend,
Ruft zum
Gemeinschaftserleben.
Es ist die Vibration
Dünnflüssig-quirlenden Blutes,
Es ist das Stakkato
Sehnig-schwieliger Füße,
Es ist die Entladung
Aufgestauter Energie.

Die Trommel
Lockt,
Peitscht auf –
Entspannt.
Ist Versuchung,
Ist Hingabe,
Ist der Urklang
Der Musik.

Abendgedanken

Der Schmerz
Siechender Erinnerungen
An verlorenes Lachen,
An verhallten Rhythmus,
An den entschwundenen
Luxus
Mensch sein zu dürfen –
Nicht Maschine.

Alles verliert sich.
Wie sich der
Alternde Abend
In tropische Dünste hüllt,
Wie sich das weite Land
Rasch mit
Der Nacht bedeckt.

Verlöschende Gefühle
Verglimmen in
Der Dunkelheit.

Zwiespalt

Hinter mir der Zwiespalt,
Hinter mir die Zweifel.
Vor mir die neue Begegnung.
Auf den Flügeln der Technik
Durcheile ich
Den dunklen Abend,
Dem schwarzen Kontinent
Entgegen.

Afrika wartet jenseits
Der Nacht.
Bedeckt mit dem Staub
Der Vergänglichkeit,
Eingehüllt in die Feuchte
Seiner rasch schwindenden Wälder.

Vor mir die Zuversicht,
In mir die Einsicht:
Afrika ist stärker
Durch den Zauber
Seiner Seen, Fluren und Felder.

Unstet

Klägliche Ausbruchsversuche
Aus gesichertem
Wohlstand,
Aus gesättigtem
Pensionsanspruch,
Aus überheblicher
Selbstzufriedenheit.

Wandern zwischen
Licht und Dunkel.
Vertraute Wärme
Deiner Sonne –
Gefürchtete Kälte
Fremder Nächte.
Der Wind stieb mich fort,
Ein Sandkorn unter vielen,
Durchwirbelt das Chaos aus
Augenblicklicher Weitsicht
Vermengt mit erstaunter
Selbsteinsicht.

Du gewährst den Freiraum,
Du schaffst die Einsamkeit –
Ohne diesen Abstand von Dir
Würde ich früher und
Verlassener sterben.
Denn unter Deinem Leuchten
Wurde ich zum Schatten
In einem anderen Körper

Liebeszögern

Es begann so langsam.
Wimpern öffnen sich
Wie Blütenblätter.
Es begann so zärtlich,
Mit wogenden Brüsten
Unter samt-straffer Haut.
So kam ich Dir näher.
Gefangen im Panzer
Der Unsicherheit,
Zweifelnd an allem.
Nun aber hat die Welt
Sich gedreht.
Körper und Schatten
Verändert.
Die Nacht verlor ihre
Schwärze.
Ins Aroma
Der jungen Liebe
Mischt sich herber Salbei
Quälender Fragen:
Können wir noch zurück,
Oder müssen wir
Vorwärts drängend
Auf ein gnädiges Schicksal
Hoffen?

Heute – Nur Heute

Heute habe ich
Mein Heute gelebt,
Zum ersten Mal
Richtig bewusst er-lebt.
Der Grund, der bist Du.
Vergessen das Gestern,
Besiegt das Morgen.
Kurzes Aufglühen
Zweier Sternschnuppen.
Vibrierender Geist
Erregter Körper.
Trunkenes Kicherglück
Am frühen Morgen.
Letztes Höraufmichzukitzeln
In bleierner Dämmerung.
Im Kopf erwacht
Der Dom der Vernunft.
Der Zauber verliert
Seine Wirkung.
Zurück bleibt
Dein süß-saurer Geschmack.
Ein Glücksgefühl
Durch den Sieg
Über Minuten. –
Ohnmacht und
Niedergeschlagenheit
Des Schiffbrüchigen
Im Meer der Zeit.

Nacht-Wandler

Am Beginn der Nacht
Unter dem verlöschenden
Glimmen des Tages,
Verwischen sich
Grenzen und Wege.
Zwei Körper
Gehüllt in den Mantel
Des Schweigens
Bevölkern das
Dunkle Firmament
Mit leuchtenden Sternen
Der Illusion.
Tauchen trunken
In die Stimmen
Des nahen Wassers.
Die Zeit
Entledigt sich
Mitleidiger Minuten.
Die Ewigkeit
Vergisst ihre hohlen Stunden.
Langsam legt das bleiche
Morgengrauen
Die Fesseln
Des frühen Erwachens an.
Und die tiefe Trauer
Des kommenden Alters
Hat Deine Augen
In blaue Kristalle verwandelt.

Aufbruch

Am frühen Morgen
Sucht das Neue
Seinen Namen.

Über schläfrigen Wiesen
Strahlt Helligkeit
Die Felsen galoppieren
Von den Klippen
Des Meeres.
Sporenblitzendes Licht
Dringt in feuchte Fluten.
Die Berge stürmen an
Und zertrümmern
Zarte Strahlen.

Das Land erhebt
Die umwölkte Stirn.
Ein Kiesel,
Glatt und geschliffen
Umschließt
Das gestrige Lied.

Die Morgensonne
Enthüllt das Spektrum
Der Namen.

Llanos – Traum

Das ist ein alter,
Ein lieblicher Traum:
Die Hütte –
Davor Pferd und Mangobaum.
Und drinnen Musik und Lachen
Verwoben,
Das hat mich
Des gestrigen Daseins Enthoben.

Dahinter der Fluss
Voll Leben,
Die Wolken drin segeln.
Die Fluten sich winden
Durch flaches Land,
Nur Horizont, Palmen
Und staubiger Sand.

Dort träumt´ ich
In einem anderen
Leben
Leidenschaftlich und Kraftvoll,
Beinahe verwegen.

Vielleicht gibt es all dies
Längst nicht mehr –
Verhallt die Musik,
Die Hütte leer.
Wenngleich die Menschen
Und Pferde zerstieben,

Der Wunschtraum
Ist doch der gleiche
Geblieben.

Noche Rara
(Wundersame Nacht)

Hay noches
Que no pasan
Sin dejar rastro
En la grama doblada
Y más persistente aun
En un cuerpo lindo morado
Y un pobre corazon herido
Por un sentimiento muy
Criollo.

Menschsein

Der Mensch ist mal
Eine Welle,
Die Tage sind Küsten
Die Nächte sind
Seine See.
Seine Augen sind
Bunte Muscheln,
Verschlossen im
Grellen Tageslicht,
Geöffnet für
Die dunkle Flut.
Der Mund verschlingt
Unnützes Brausen.
Doch seine
Nächtlichen Worte
Verhallen
Im unendlichen
Firmament.

Brand

sonne brand
sonnenbrand
nichtigkeit am meeresstrand

feuer brand
feuersbrand
flammenglut im grünen wald

vernichtung brand
vernichtungsbrand
aschenglut auf wüstem land

mensch schuld
menschenschuld und
unvernunft

Zeit

Wie schwer doch oft
Die Zeiten
Wenn lind die Lüfte
Wehen –
Wie süß doch oft
Das Leben
Bei dräuend´
Sturmgebraus

Zeit – Wörter

Hingerissen
Vom Sturm der Gefühle
Gebeugt
Unter der Last der Eindrücke
Leidend
Unter dem Gewicht der Wörter.
Der verschluckten,
Der nie gesprochenen,
Der zwischen knirschenden Zähnen
Zermalmten.
Verborgen, unhörbar, reglos.
Nie haben sie
Die Sonne der Liebe,
Nie den Donner des Zornes
Benannt.
Doch mit jedem Herzschlag
Türmen sich Wörterwolken
In mir.
Aufglühend verbrennen,
Verlöschen sie –
Mich langsam erstickend
Verstumme ich
Im schalen Geschmack
Der Zeit
Zu einem Wasserfall
Der Stille.
Doch dereinst
Werden die Worte auftauchen

Aus dem Meer
Der Erinnerung,
Wie verlorene Illusionen.

Zeitwelt

Zeit - Seinerzeit
Zeitgefühl,, Langsamzeit,
Traumzeit
Zeit zum Leben –
Zeit zum Erleben

Moderne Zeit
Produktionszeit,
Computerzeit, Zeitwettlauf
Zeitplan, Gleitzeit,
Zeit-im-Bild
Zeitbombe – tickt und tickt
Scheibchenweise Zeitverlust

Jede Zeit hat ihren Preis.
Zeitfortschritt
Auf Schulden –
Kinder als Gläubiger.

Abschied

Zurücklassend
In tiefer Verachtung
Das grausige
Gebräu aus grünem Beamtenrotz
Und schwärendem Bürokrateneiter.

Im Herzen der leichte Abschied
Von verkniffener Missgunst
In schräggekotzten Pupillen,
Zu feige zu offener Feindschaft,
Unfähig
Zu großzügiger Freundschaft.

Auf den Lippen der Geschmack
Des flüchtigen Windes.
Wachen Herzens
Und offener Brust zieh´ ich
Aus geistiger Enge
Kleinbürgerlicher Nächte.

Rune Yr: Rune der irdischen
Vergänglichkeit, Yr = Eibe, heiliger
Baum der Germanen, Symbol des
Weiblichen

Jahreszyklus

Frühling

Sanft streicht der
Frühlingsföhn
Errötend durch den
Morgenkrokus,
Im zarten Gras
Das Veilchen schwingt.
Kohlmeisen liebeseifrig
Zwitschern
Getragen von erwachter
Lebenslust.
Fröhlicher springt
Mein Schatten über
Grünbemooste Steine
Am gurgelnden Bach.
Prächtig prangt das
Weidenkätzchen
Im weißen Seidenjäckchen.
Und abends bricht
Die Ente
Den gelben Mond entzwei –
In des Weihers
Stillen Fluten.

Sommer

Der Lenz, er scheidet
Leise zaudernd.
Der Löwenzahn zeigt es
Mit weißem Kopf.
Betört von duft´gen
Sommerblüten
Taumelt ein Schmetterling
Durch dunkelgrünes
Blattwerk.
Frenetischer
Der alte Frosch
Nun quakt
Zwischen des Teiches
Binsen.
Am langen Tag
Das Auge
Müd´ geworden.
Oh diese Stille!
Von Berg und Höhen
Lodernde Flammen
Weithin künden
Von der Sonnenwende.
Heller entflammt
Sind unsere Herzen.

Herbst

Grad´ heute morgen fiel
Ganz heimlich
Das letzte Blatt
Von meiner jungen Birke.
Früher Tau
Wispert vom
Späten Herbst
Mit vielfarbigem
Kristallgeglitzer.
Friedlich träumend
Schläft noch
Das Stoppelfeld
Hinter dem Rain.
Eingefahren ist die Ernte.
Vom Bach
Dort drunten ziehen
Graue Schwaden
Durch den
Trüben Abend.
Und Abschied
In dem kahlen Astwerk
Nimmt Krähenruf
Vom Sonnenstrahl.

Winter

Als früher Raureif
Betritt der Schatten
Der Hasel
Die bleiche Wiese.
Abgestreift vom
Braunen Blatt
Zerrinnt der kalte Reif
In klammer Hand
Zu warmen Tränen.
Die nächtliche Silbersichel
Strahlt wetteifernd mit
Zahllosen Funkelsternen
In stahlblauer
Himmelskälte.
Still geworden
Das Menschenherz.
In bodenlose Finsternis
Versinkt das alte Jahr
Bedeckt von
Jungem Schnee.

Abendzauber

Smaragdene Triebspitzen
Frisch gekeimten Roggens
Lugen aus brauner
Ackerkrume.
Saftige Frühlingswiesen
Haben ihre frischen
Teppiche
Hinauf gerollt zum
Baumgekrönten Hügel.
Die Blaue Stunde
Zaubert dann
Jegliches Grün
Hinweg.

Am Lerchenweg

Rot blüht
Die Abendsonne
Über waldgekrönten
Hügeln

Blütengetupfte Wiesen
Verströmen süßen
Duft von Ruhe
Und Frieden

Mittagsglut
Über Seenflut
Farbverspielt
Der Lotus drinn´

In grünverträumten
Halmen erwacht
Am Morgen
Tausendfach
Sonnenfeuer,
Gefangen in
Tautröpfchen
Wie Glas

Sommerneige
Frühe Abendschleier,
Am Bach ein
Letztes Amsellied

Wehmutsschwere
Nebelschwaden
Verschlucken
Todesdüsteren
Krähenruf

Dem Bergwald
Entsteigt der
Abendmilde
Vollmond mit
Sinnlichem Aroma

Sturm pfeift
Flocken fegen
Zeitverloren
Vor der triefenden
Nase

Nur wer des Winters
Dunkelheit durchlitten
Wird von des Sommers
Licht verzaubert

Sommerwende

Hitzeschwüle schattenlose
Luft
Wabert über hellstem
Juliglast.
Doch selbst der
Sommersonnen Urkraft
Erhellt nicht jeglich
Schattendunkel.
Die tintendicke Finsternis
Ruht tief
In meiner Brust.
Erst Deiner Augen
Strahlenkranz
Durchdringt die dicke
Schwarte.
Eintauchend in die Fülle des
Augenblicks
Versinken wir im Gleichklang
Der Herzen.
Gesprengt die Fesseln enger
Konvention –
Und Dein Lächeln erfüllt
Den Raum.

Neuer Aufbruch

Gemächlich kriecht
Die Zeit
Durch den
Verdämmernden Tag.

Im Abendglanz
Der Sonne
Atmen Wiesen und Felder
Aus.
Der warme Seidenhimmel
Zaubert sein
Verführerisches Bild.

Am späten Abend
Lockt der Aufbruch
Zu neuem Glück.
Der dunkel umwölkte
Horizont
Verbirgt noch das azurblaue
Ziel jenseits
Der kommenden Nacht.

**Ambos Mundos
(Beide Welten)**

Begehrliches Flackern
Springt zwischen
Heißem Verlangen
Und kühler Berechnung.
Niemals genug,
Immer mehr.
Zwei Welten
Beengen und bedingen
Eine verzweifelte Suche
Nach dem Traum
Von der zerbrochenen
Einheit,
Der Zufriedenheit und
Harmonie.

Wechsel

Nach einem hellen Sommer
Bringt trüber Herbstregen
Auch Kälte in mein Leben

Gefangen

Geboren
Unter unserer
Gelb-milden Sonne,
Die Füße
Auf dampfender Erde –
Breitbeinig, fest verwurzelt.

Der Boden
Begrenzt von grünen Hügeln
Und grauem Granit.
Doch der Kopf ragt
Hoch in die Wolken,
Der forsche Blick durchmisst
Den blassen Äther,
Des Firmamentes Weiten.

Gewachsen
In endlosen Nächten,
Dunkel wie gehämmertes
Metall.
Mit erdrückenden
Verpflichtungen
Auf einem melancholischen
Herzen.
Gehärtet durch kalte Schatten
Die auf der Stille der Wälder
Ruhen -
Den Hütern der Seele meines
Volkes.

Eigenes Heim,
Glück allein

Das feste Fundament
Enger Bürgerlichkeit
Und betonierter
Bourgeoisie
Trägt makellose
Mauern
Mit blank geputzten
Fenstern.
Nach oben verwehrt
Das rote Dach
Jedweden freien
Gedankenflug.
Doch hinter der Fassade
Gebotener Geschäftigkeit
Ruhen im Spiegel
Der Stille
Echos der Erinnerung;
Verdichten sich aufsteigende
Dunstschleier zu Visionen.
In schwülen
Träumen
Feuchter Nächte
Frisst das Schwarz die Zeit.
Hinter verschlossenen
Lidern
Verbergen die Augen
Die klaffende Wunde
Der Seele

Scheinidylle

Spitzblättrige Schatten
Wiegender Palmwedel
Zeichnen die Phantasie
Eines glücklichen Tages
In den bleichen Sand.
Doch die ungnädige Sonne
Enthüllt die Tarnung.
Und vor Einbruch
Der Abendschleier
Hat das Leben
Sein Todesurteil verkündet.
Erleichtert und dankbar
Lächelt der Verunschuldigte –
Und nickt dazu.

Irrtum

Die sengend-heiße
Tropensonne
Macht spröd´ gar manches
Pflänzelein.
Ledrig und zäh
Die Blätter,
Stachelig die Früchte.
Nur der Blüte
Trügerischer
Farbenzauber
Täuscht eitel
Wonne vor!

Veränderungen

Umfangen von der
Vergänglichkeit
Innigster Augenblicke –
Als ich deinen Körper
Durchdrang und Du
Hineinschloffst in die
Tiefsten Winkel
Meiner Seele,
Untilgbare Spuren
Hinterlassend.
Wo nichts mehr so ist
Wie zuvor,
Und jede Minute
Früheren Glücks
Einen Monat
Schmerz fordert –
Samt meilenweiter
Trennung.
Distanzen, die
Vom Licht
Der dunklen Augen
Nicht überbrückt
Werden können.
Denn mehr
Als die Zeit
Verändert
Die Liebe
Den Menschen

Unterschied

Von allen Wegen
Des Lebens
Wählte ich mit Bedacht,
Sowie aus Fügung,
Die wenig begangenen.
Genau das macht
Meinen Unterschied.

Tropentag

Aus blutroter See
Entsteigt der Feuerball.
Besiegt das
Feuchte Dunkel.
Versengt den Mittag
Im Zenith,
Treibt Schweiß noch
Selbst am Abend.
Versinkt eilends
Im Okzident
Hinter der Berge
Schattenreich.
Zurück bleibt nur
Des Äthers Stille
Und dunkle Geister
Der Vergangenheit.

Angkor Wat

Uralte Schönheit
Tempelreich –
Statt Götterfreuden
Albtraumtiefes
Menschenleid.
Verdorrt das Auge
Tränenleer,
Erstarrt der Schmerz
Zu kaltem Stein,
Den auch ein Schrei
Nicht brechen kann.
Kein Luftzug lindert
Diese Pein.
Viel Zeit wird
Noch vergehen müssen
Bis einstens frisches
Hoffnungsgrün
In jungen Herzen
Sprießen wird.

Klatschmohn

In kräftigem Rot
Steht sie am Feldrain
Beim Stoppelfeld,
Dem zerrauften,
Von Traktorspuren
Zerfurchten –
Die letzte Blüte
Des fliehenden Sommers.
Herbstwehmut keimt in
Ihren zarten Kelchblättern
Ein jähes Ahnen
Von Morgenfrost
Durchzuckt
Den späten Mohn.
Achtlos zieht
Der einsame Wanderer
Gedankenverloren
Am Weg vorbei
Und wird nicht gewahr
Wie das Karmin der Blüte
Verströmt sein Rot
Im blassen Abendhimmel –
Wo der zartrosa Horizont
Verschluckt die tiefe Sonne.

Auf- und Abwärts

Wenn ich
Um Baumes Wipfel kreise
Hoch in den Lüften
Bin ich mal wie
Ein Blatt,
Das sanft nach unten gleitet.
Mal bin ich wie
Der Frühlingshauch,
Der zart
Des Baumes Borke streichelt.
Doch früher war ich
Sturmesbrausen
Und habe hoch gefegt
Viel trägen Staub.

Kielwasser

Dem Winde fügt sich
Des Bootes Segel.
Wie unser Leben
Schlägt es Wellen,
Zieht weite Kreise,
Verliert sich in
Glucksenden Fluten.
Verebbt – und
Hinterlässt doch
Keine Spur.

Trennung und Wiedersehen

So lang das Sehnen
In des Herzens Tiefe,
Es zog mich fort
Mit großer Kraft,
Mit kühnem Mut,
Der aus des Äthers
Farben stammte –
Grüne Blätter
Nickten sanft dazu
In schlanken Zweigen –
Und wisperten leise:
Freiheit, Freiheit.

Doch in der fremden Ferne
Vernahm den Sang
Der Abendamsel ich,
Der stets
Zu seiner Zeit erklang –
Und meine Sehnsucht
Rief
Nach dir zu
Jeder Stunde fast.
So voller Schwermut
Sah ich Dich.
Da lenkte meine Schritte ich
Zu dem vertrauten
Heimatort.
Nach endlos langen
Sommertagen.

Der Herbstzeitlose
Blütenherz
Weit offen steht es nun
Für den ersehnten
Seelenfreund.

Nordlicht

Nebel der Traurigkeit
Über dem Eis
Des Schmerzes
In bleierner Finsternis.
Kein Mond
Kein Sternenlicht
Nur Nadelstiche
Der Erinnerung
Ins zuckende Herz.
Doch selbst bitterste
Dunkelheit
Muss dem Lichte
Der Befreiung weichen.
So wie das
Nächtlich' Firmament
Vom Nordlicht
Überstrahlt wird.

Jung und Alt

An einem jungen Morgen
Lacht der alte Herr
Dem neuen Tag
Frisch, fröhlich und frei
Ins taufeuchte Gesicht.

Frischer Mut

Im Traum
Sah ich die Heimat wieder –
Welch grenzenlose Wehmut,
Brüder!
Doch lasst uns nicht Vergeblich
Nach den verwehten Spuren
Der Alten mühselig suchen,
Sondern nach deren
Hehren Zielen!
Denn frischer Mut
Stets strahlend
Erhält des Lebens Feuer
Lodernd.

Morgendliche Meditation
(Yoga)

Du morgendliche Zeit
Der lichten Frühe
Welch neue Welt
Bewegest du in mir?
Einem Kristall
Gleicht meine Seele nun,
Der roten Sonne Strahl
Bringt sie zum Glühen.
Wie der entflammte Lotus
Schwebt im Weiher,
So ruhe ich
Ganz schwerelos
In mir.

Da, auf ein Zauberwort
Die Brust
Sich öffnet
Und die Gedanken
Fliegen frei –
Soweit der grenzenlose Äther
Reicht!

Herbst

Ein langer Sommer
Schleicht von dannen –
Unmerklich im
Kühlen Abendnebel.
Von tiefen Wolkenbäuschen
Nieselt es ständig Unbehaglich.
Aus dem entlaubten Baumgeäste
Blickt der Herbst
Aus hohlen Augen.
Mich umhüllt sein
Bittrer Duft.
Wie doch die Welt
So sonnig war,
Ein lachend heller
Glockenklang.
Das Himmelslicht
Beginnt zu fliehen,
Ein kalter Wind
Fegt feindlich
Durch die Erkenntnis
Von Vergänglichkeit –
Verwoben
Mit dem Echo
Leiser Trauer.

Stille Welt

Eingefahren die Ernte
Verstummt der Vogelsang
Der Himmel leer geräumt
Die Zugvögel weit weg
Im warmen Süden.
Des blauen Äthers Stille
Strömt vom Firmament,
Erfüllt das Land,
Erfüllt die Menschen.

So tief die Sonne,
So lang die Nächte
So einsam die Herzen –
Dankbar für die letzte Wärme
Des schwindenden Jahres.

Nun ist die Zeit
Der leisen Regungen,
Wo selbst der Schlag
Von kleinen Flügeln
Wahrgenommen wird.

Herbstschlaf

Umdüstert die Nacht –
Verschleiert die Nebel
Sich heben und senken,
Verschwommen die Sicht.

So klar der Traum,
So rein das Bild –
Ach, Du!

Der gute Kamerad

Als treuer Begleiter ist
Freund Hein
Stets mir zur Seite.
Er spricht zu mir:
Ich gehe neben dir,
Denn deine Zeit
Ist noch nicht um.
Doch nütz´ den Tag,
Um weiterhin
Zu wachsen
In Freud´ und Liebe,
Denn du kennst nicht
Die Stunde,
In der dann du mit mir
Zu gehen hast.

Tröstlich

Des Herbstes Abendgrauen
Lastet
So schwer auf meinen
Schultern.
Glücklich jedoch dünkt mich
Mein Schicksal:
Muss ich wohl kaum
Vereinsamt
Die langen Winternächte
Schlafen.

Sternschnuppe

Da hab' ich still
Heut' Nacht
Im Silberlicht
So sacht
Die Mondsichel
Betracht'.
Und hab
Mein Leben
So bedacht -
Da hat
Die dunkle Nacht
Hell eine
Sternschnuppe
Hervorgebracht.

Alternative

Lieber am richtigen Leben Verreckt,
Als an satter Spießigkeit Verspeckt.

Stumme Schreie

Selbst laute Schreie
Klingen stumm –
Verhallen ungehört
Bei Sturmesbrausen!

Spätsommer

Schon zieht die Herbstluft
Durch die Fensterritzen,
Doch letzte Sonnenwärme
Dringt durch´s Glas.
Wie war der Sommer
Doch so kurz!
Vor Wehmut wird
Der Blick mir feucht,
Ist´s ein verloren Glück
Das mir entweicht?

Reisender

In unserer Welt, in der
Die Sonne nie verweilt,
Weil sie doch ständig
Weitereilt,
Sind Tage, Monde,
 Jahreszeiten
Nicht zum Stillstand zu
Verleiten.
Seit langer Zeit sind sie auf
Reise.
Ich mach´ das auch auf meine
Weise:
Es treibt die Seele
Vor sich her
Der Wind!
Bleibt auch der müde Körper
Manches Mal zurück
Spornt ihn der flücht´ge Geist
Doch an –
Welch Glück!
Voran, es gibt kein
Stille stehen –
Nur Augenblicke,
Die verwehen.

Lebensfluss

Wiewohl ich oft zurückkehrte
Zur gleichen Stelle
Im Fluss
Meines Lebens –
Nie netzte
Das gleiche Wasser
Meinen Fuß

Neues Erwachen

Mein Leben ist nun
Neu erwacht.
Ich weiß auch schon warum:
Vom Garten höre ich
Des Meeres Lieder
Rauschen,
Im Wellenschlag
Auf feinem Sand.
Wie fröhlich klinget da
Der Vogelsang.
Der Sonne Strahl
Rührt mich selbst an.
Und neben mir
Da spür ich Dich.
Wie unsere Körper
Sich berühren
Erfüllt mit Glück
Den ganzen Raum.

Spätherbst

Wie doch meine
Fröhlichen Gedanken
Sich mit Macht
Vor das Grau
Des Herbsthimmels
Drängen.

Die Realität
Zerfließt in
Wolkenträumen –
Versüßt mit Zuckerwatte.

Die Stille senkt
Sich leis´
In mein Gemüt
Und lässt
Erinnerungen
Sprießen
Für lange
Winternächte

Marathon

Gestählt das Herz,
Die Lungen prall,
Die Muskel zäh
Und hart.
Ein austrainierter
Körper wohl –
Unbeugsam,
Willensstark.
Die Mühsal
Überwand ich leicht,
Das Ziel hab´
Mehrmals ich
Erreicht.

Ferne Jugend

Schon fern der Jugend Töne
Sie klingen fremd und zart
Geleiten nur von Ferne
Den künft´gen Lebenspfad.

Schloss Aschach

Hehre Sitten,
Hehre Werte
Sind im Bunde
Hoch geehrt.

Im alten Schloss
Drei Gaden hoch
Blitzt Aug´ in Aug´
Wie Klingen blank
Im wohlvertrauten
Kreise.

Der Männerfreundschaft
Wahrer Hort
Am Donaustrande
Liegt er dort.

Lebensfrage

Man stellt sich heute
Oft die Frage:
Hab´ ich verwirklicht
Mich im Leben?
Hab´ ich mein Leben
Nur ver-träumt?
Vielleicht hab´ ich es
Lediglich ge-träumt?
War es mein Traum
Den ich gelebt,
Oder im Schlaf
All das erlebt?
Zu wissen wäre
Gut, ja wichtig:
Wann und wie
Erwach´ ich richtig?

Mein Dasein

Manchmal denke ich,
Manchmal bin ich.
Manchmal denke
Und bin ich.
Manchmal denke ich
Ich bin –
Und dann wieder
Bin ich ohne zu denken.
Einfach nur so.
Dann lebe ich wirklich.
Und das genügt auch!
Manches Mal.

Schmerzhaft

Tausend Schmerzen
Habe ich Dir bereitet.
Nach tausend Freuden
Dir viel Leid gebracht –
Du hast es erduldet
Mit tausend Tränen –
Und dennoch an uns
Fest geglaubt.

Rioja Wein

Es sprüht im
Kerzenlichterkranz
Der Glaspokal wie
Sternenglanz.
Ich schaute doch
Genau einmal,
Sah viele Sprünge
Sonder Zahl.
Doch hält er dicht
Seit langer Zeit
Den edlen Trunk,
Der uns geweiht.
Wenngleich das Glas
Nicht unversehrt,
Der Inhalt immer
Noch begehrt!

Fluss des Lebens

Im Fluss des Lebens
Bin ich mal Wasser.
Es strömt
Mal kräftig und
Mal träge.
Mal hüpft und
Springt es über
Hindernisse,
Umspült sie,
Schiebt sie
Vor sich her.

Manchmal bin ich wie
Der Stein im Bach.
Beharrlich,
Unbeweglich.
Genieße es
Umschwebt, benetzt
Zu werden.
Und frage nicht
Wieso, weshalb.

Lebenslust

Wie ich mich da
Des Lebens freu´:
Den blauen Himmel
In der Brust,
Das Herz erblüht
Im Sonnenschein.
Der Schritt ist leicht,
Die Stirn so frei
Mit prallem
Glücksgefühl.

Bei frohem Sinn
Fühl ich mich jung,
Erfüllt von
Lebenskraft.
Da danke ich dem
Herrgott mein,
Wie ich es hab´
Gelernt –
Er möge doch
So gnädig sein
Mir Ebenmaß
Verleih´n.

Schicksal

Mein Herz das wurd´
Zum dunklen See,
Stürmt auf
In tiefem Weh.

Schimmert dann
Im Regenbogen –
Mir war
Das Schicksal
Wohl gewogen.

Gar Manches fällt
Zur Last dem Einen,
Das Anderen so
Leicht nur dünkt.

Da mag
Das Leben
Ungleich scheinen.

Winterende

So voll die Welt
Von Licht und Liebe
Dereinst war.
Ich aber bin heimgekehrt
Ins dunkle Nebelreich
Voll trüber Sehnsucht.
Doch zeichnet sich
Der Hoffnung zarter
Silberstreif und mit
Der Helligkeit kehrt auch
Die Sonnenlust und
Sternenglanz zurück.

Der letzte Vorhang

Hinter dem schwarzen Vorhang –
Zwei Spannen lang,
Vom Scheitel bis zur Schulter
Türmt sich starker Gefühle Macht,
Zucken Liebesblitze
Mit leisem Seufzen,
Jenseits von Raum und Zeit.
Abgehoben, losgelöst.
Wie ich mich da verlor,
So zwischen zarten Wimpern,
Für Augenblicke nur –
Und dennoch, und dennoch!

Botanik

Was ich zu lernen trachtete,
Nach viel Studieren,
Manch Pflänzlein
Einfach kann.
Und ich versuch´s
Ihm gleich zu tun:
Dem Herbst noch
Blüten abzuringen,
Die Schönheit
Zeitlos zu verströmen,
Mit Sommerduft zu füllen
Die allzu frühe Dunkelheit.
Dem Tode selbst zu trotzen
Mit hoch erhob`nem Haupt.
Um schließlich doch
Die Blätter der Erinnerung
Dort ruh`n zu lassen
Wohin der Lebenswind
Sie hat geweht!

Daheim

Am frühen Abend
Umfängt mich die Ruhe.
Heimgekehrt.
Flammen tanzen
Zu leiser Musik,
Züngeln im Ofen hoch.
Rotwein funkelt
Im Glas.

Das Buch der späten
Hoffnung
Blättert sich auf.
Beim Lesen ergrünen
Die Seiten.
Zufriedenheit kriecht
Mir die Beine hoch.

Unbeeindruckt
Paaren sich zwei
Herbstfliegen
Am Fensterglas.

Draußen fällt schon
Das erste Blatt vom
Kirschbaum.
Nebel verschluckt
Die Weide am Bach.

Da singt die Amsel
Das Lied meiner
Sehnsucht –
Der Rauch vom
Schornstein
Trägt es gen Himmel.

Feierabend

Bist müde Du auch und
Erschöpft,
Dann komm und raste in
Meinem Herzen –
Denn mein Herz wird
Für mich sprechen und
Singen,
Dort wo meine Stimme
Versagt

Lebenszeiten

Der frühe Morgen trifft mich
Mit einem Lächeln,
Das mir die Kraft verleiht
Für meines Alltags Mühen,
Die sich in vielen Jahren
In mein Gesicht
Geschrieben haben.

Mit allen Höhen,
Die neue Freude
Mir gezeigt –
Mit allen Tiefen,
In denen Abschied
Ich genommen
Von gut Bekanntem
Und Vertrautem.
Mit jedem Augenblick,
Der Neues mir bringt,
So wie die Luft,
Die niemals gleich
Ich atme,
Ändert mein Leben sich –
So wie mein Körper.
Unmerklich,
Doch unerbittlich.

Bis einst der Tod
Hinweg mich reißt
Aus diesem quirlig' Leben.

Dann braucht niemand
Schmerzlich Tränen weinen,
Denn ich habe gekämpft,
Gelitten und geliebt –
Und fühlte frei mich,
Sowie glücklich unter
Den Meinen.

Zeit und
Weltenlauf

Im Kreis, im Kreis
Dreht sich die Welt
Denkt mancher Tor
Zumal.

Oh nein, oh nein
Wie weit gefehlt!
Sie dreht sich
Auch nach vor.

Dazu hinauf
Oder hinunter,
Nicht wie es
Dir gefällt –
Vielmehr wie du
Es selbst gewählt!

Wiesenblüte

Ganz leis´ und sanft
Sprach s´Blümelein
Im trauten Wiesengrund:
„Pflück mich, ich wäre
So gern Dein!
Sorgst Du dich
Gut um mich,
So schenk ich dir
Dafür viel Farbenduft
Und Lebenswonne rein."

Doch schon nach
Kurzer Zeit half weder
Eitel Zwiesprache noch
Noch frisches Wasser fein.
„Wie fühl ich mich gefangen
In deinem Blumenglas."
Das Köpfchen hing
Vor Sehnsucht schwer
Nach freiem Wiesengras.

Ganz mählich schloff
Der Tod in das
Zerriss´ne Herz.
Zurück blieb Wehmut
Und Erinnerung an
Frühlingssonnenschein.

Sonnenrad

So tief sank, ach
Die Lebenssonne –
Im Abendrot erglüht
Der Schmerz
Des nahen Alters.
Noch hebt mich hoch
Der Abendstern,
Doch dann fall´ ich
Aus allen Sternen
In bodenlose Einsamkeit.
Versagensängste
Knospen düster schwärend,
Der Lebenskampf
Scheint ausgekämpft.
Und Dämmerung
Verschluckt viel
Unverheilte Wunden.
Doch noch weckt
Neuen Lebensmut
Der Morgenwind
Und Zuversicht
Von Heil und Frieden
Im unvergänglich´
Sonnenrad.

Wunder der Wörter

In meinem Innersten
Ruht die Erinnerung
Gleich einem Bachkiesel
Verfrachtet vom
Fluss der Zeit.
Dort kristallisieren
Die Gefühle zu Worten
Und füllen die Zeilen.
Unter dem geneigten
Auge des Lesers
Werden sie mit seinen
Stimmungen beladen,
Dadurch schwerer,
Aber auch stärker, bunter.
Lassen Sie sich
Verzaubern
Von der Magie
Der Worte.

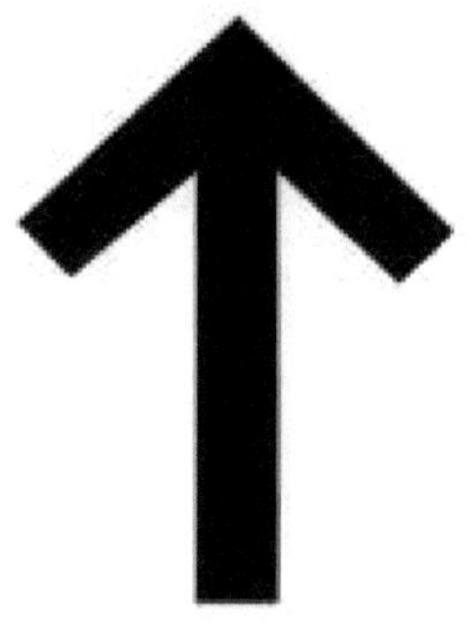

Rune Thor: Wille und Tat, Zeugung im geistlichen und stofflichen, der Hammer Thors ist das Kreuz des Lebens

Fremdwörter-Index

	umliegendem Nationalpark
Makgadikgadi	Große Salzpfannen in der Kalahari (Botswana). Nationalpark
Malawi	Südlichster der großen O-Afrikan. Seen. Land gleichen Namens
Mosi-oa-Tunya	Der Rauch der donnert, (einheimische Bezeichnung der) Victoria Wasserfälle
Mseza	Hügel (ca. 1300m SH) südl. von Chipata
Msipazi	Fluss südl. von Chipata
Rioja	Spanische Weinsorte
Pick-Up	Klein-LKW mit offener Ladefläche
Skarabäus	Pillendreher, ein afrikan. Käfer
Zimbabwe Ruins	Ruinenanlage aus dem 9. Jhdt. im Süden Zimbabwes

Rune Tyr (Thurisaz): Ende des
grobstofflichen Schöpfungszyklus. Stirb-
und Werdegesetz in ewiger Wiederkehr.

Nachwort

Jede Reise geht einmal zu Ende. Sie führte mich durch Zeiten und fremde Welten, sowie durch das eigene Innenleben.

Immer an meiner Seite war mir meine Liebes- und Lebensfrau eine immer treue Begleiterin. Bis zum Erwachsensein und zur Eigenständigkeit waren auch unsere Kinder tapfere Weggenossen. Dafür möchte ich meiner Familie noch einmal meinen Dank aussprechen.

Jeweils am Ende der einen stand der Beginn der nächsten Reise. So wird das wohl weitergehen, bis ich letztendlich mit mir selbst nach Hause komme. Denn Lebensveränderungen kommen langsam und unmerklich. Man ist geneigt sich von innen noch so wie früher zu sehen. Doch die Mitmenschen sehen von außen den allmählichen Verfall. Der Versuch diesen Abbau geistig zu bewältigen, war mit ein Grund einige meiner Gedanken schriftlich nieder zu legen.